クラスみんなが
成長する！

対応上手な先生の
3つの
言葉かけ

樋口万太郎 編著
松山康成 監修
大谷舞・金子真弓・小谷宗・
後藤菜緒・西村祐太 著

学陽書房

はじめに

　クラスの子が教師の困るような行動を起こしたとき、「どうしよう！」ととっさの対応に困ることはありませんか？　本書は、そんなときの子どもの行動を受け止めたうえでの言葉かけや対応について集めた1冊です。**クラスで起こりがちな代表的な場面に対し、それぞれ3通りずつの言葉かけを紹介しており、どんな場面にも対応できる**ことを目指しました。

　クラスの中には、教師が困るようなさまざまな行動を起こしてしまう子がいるものです。私たち教師は、どの子に対しても、子どもを支援しようと日々考えて模索しますが、たとえば、すぐ友達に暴力をふるってしまうような子に対しては、あまりに度重なると「この子は悪い子だ」という見方になってしまうこともあります。

　しかし、こういう子どもの見方になったときほど、子どもとの関係がうまくいかなくなって、教師にとって困るような子どもの行動が増えてしまうものです。こんな気持ちになってしまったとき、子どもの行動に困っているときこそ、自分の考えだけではなく、人の知恵や手法を試してみるチャンスです。

　本書は子どもの行動への対応のために、「応用行動分析学（ABA）」の考え方を取り入れた本になっています。

　「応用行動分析学」（ABA）は、子どもの行動を、子ども個人の特性だけでなく、ほかの子や教師や家庭などの環境の相互作用の枠組で分析するものです。そして、課題となる子どもの行動があったとき、子どもを責めるのではなく、子どもの行動を止めるために環境を変えたり、あるいは結果が繰り返されないような介入をすることで止めようという考え方です。

本書では、クラスの日常で起こりがちな、課題となる子どもの行動のシーンについて、①環境を変える、②繰り返される問題に対して教師が介入する、ということを意図した「言葉かけ」を各場面に３通りずつ紹介しています。

　そのため、１つの方法でうまくいかなかったときには、また別の言葉かけで試すこともできます。また、３つを組み合わせて使っていくことで継続的に同じ行動に対して働きかけることも可能です。

　１つだけではうまくいかなかった場合も、３つとも使ってみたらうまくいった！　ということもあると思います。ぜひいろんな各場面で本書の３つの「言葉かけ」を試していただけたらと思います。

　本書にも書きましたが、私自身も若いころは、子どもの行動に対して適切な働きかけかたができず、なかなか子どもたちに対しても、適切な見取り方や、子どもの見方ができませんでした。

　私は教師は「経験」により成長するものだと考えています。そのため、経験年数が多くなるにつれて教師の力量は上がっていくものだと思います。若いうちはたくさん失敗して当然ですし、むしろたくさんの失敗を経験してほしいと思います。

　そうしてたくさんの経験を経てきた先生であれば、教師の困る子どもの行動に対し、とっさの３秒で３つ以上の選択肢を思い浮かべることもできるでしょう。本書はそうした先生方の知恵を集めたものであり、若い先生たちを強力にバックアップするものになると思います。

　とりわけ、本書では多くの先生がつらいときに陥りがちな、「子どもが悪い」という子どもへの見方を変えて、その子の困難さや背景を見取ろうとする見方にいかに変えることが大事かということも書きました。

　本書を通じて先生方の悩みが解決され、若い先生方が教師の仕事の楽しさを日々感じてくださることを心から願っています。

樋口　万太郎

CONTENTS

第**3**章 担任の視線で子どもの成長がパワーアップ！

生活場面でうまくいく
3つの言葉かけ

集団との関わりを育てよう！
第4章 遊び場面でうまくいく 3つの言葉かけ

第 **1** 章

いざというとき
間違えない！

・・・・・・・・・・・・・・・・・・・・・・・・・

対応上手な先生の子どもの見方・考え方

みんなの時間を
大切にしてくれ
たね!!

いざというときに思いつける選択肢が多い先生になろう！

子どもの見方がうまい先生のまなざしは？

同じ場面でも人により思いつく選択肢の数は違う

若い時は他の選択肢が思いつかないもの

　今から、10年前以上の話です。５年生の子ども達と林間学校に行きました。１日目の夜に、女子の中で無記名の悪口の手紙が回されるというトラブルが発生しました。

　次の日の朝、そのトラブルを知った私は、女子を集め、「どうしてそんなことをするんだ！」と大声で叱り、「誰が書いたのか正直に言ってほしい」ということを伝え、時間を取ることにしました。この時、数十分後には、田植えのプログラムが始まる予定でした。

　数十分後、言いに来た子はいませんでした。

　それに対して、私はさらに叱りました。そして、「そんな状態なら田植えに参加をするな」と子ども達に伝えました。田植えに参加させずに、このトラブルについて話し合いをしようとする選択肢を私は選ぼうとしていたのです。

　すると、その様子を見ていた管理職に呼ばれ、「お金も払っている。プログラムに参加させないという選択肢はない」と言われました。そして、「樋口さんの選択肢は、子どもに罰を与えていることになる」とも言われました。

　当時の私には罰を子ども達に与えているという感覚がありませんでした。しかし、今思えば、罰を与えていると判断することができます。

　この当時の私には、「トラブルが解決していないから、プログラムに参加させない」という選択肢しかなかったように思います。そして、その選択肢以外にも選択肢があるという自覚がなかったのです。自分の選択肢がベストだと思っていたのです。

　だから、子どもの見方がうまい先生とは、左の図のように、
選択肢が多い先生
と考えるようになりました。

たくさんの選択肢から対話で解決する先生に

子どもの背景や今後の予想ができるように

　10年以上経った今の私は、「すぐに手が出てしまう子」という事例の場合、

・どうして手が出てしまったのか、きっと何か原因があるはずだ
・これまではとても仲良くしていたのにどうしたのか
・自分の思いが伝わらなくて、手が出てしまったのか
・今回も前回同様に何かきっかけがあるのでは？
・なぜこのような結果になったのか。防ぐことはできたのでは？

というように考えられるようになりました。そして、

・何が原因なのか？
・これまでの背景は？
・行動の予想
・過去と現在の比較
・結果

という見方を思いつくこともできるようになったのです。これらは、

子どもを見取るための選択肢

ともいえることでしょう。

　そして、当事者同士の話し合いをしていく中で、思いついた選択肢から、適切な選択肢を選択できるようになりました。

以前の私のように子どもの話も聞かずに一方的に決めつける先生と、選択肢も多く子どもと対話しながら解決をはかる先生ではどちらが適切な指導ができるのかは明白です。

　おそらく、経験豊富な先生であれば、トラブルを見取った3秒以内には、いくつかのトラブル原因と対応策が思い浮かんでいて、対応しつつ対話し、状況を把握して、選択肢を絞っていくことをしてるでしょう。

支援のアイデアが増える応用行動分析学

　実は私はこのような見方ができるようになったのは、ここ最近のことです。それまでの私は、結果だけを見ることがメインで、それに対して叱っていることがほとんどでした。そんな私がさまざまな見方ができるようになったのは、見方の方法を知ったことからでした。

　ABA（応用行動分析学）を知っていますか。

　ABAとは、子どもの行動を個人と環境（教師を含む）の相互作用の枠組みの中で分析するという考え方です。ABAでは、【子どもの行動】だけではなく、行動が生まれる【きっかけ】と、維持・持続する【結果】に注目することで、子どもの行動に対する理解を深めていきます。このように科学的な見方を持つということは、これからの教師にとって大切になってきます。

　本書では、この応用行動分析学の考え方を生かして、

　代表的な事例→

　どのような見方ができるのか、それぞれの見方に対する考え方→

　それぞれにどう支援（声かけなど）ができるかの3つの選択肢を示しました。

　もしも対応に困ることが起こった時、本書の事例の中で紹介されている3つの選択肢から対応のヒントを得られることがきっとあると思います。

3　子ども対応の選択肢を増やし、選ぶために

対応の選択肢を増やすには

　前述のように、自分の失敗した経験、まわりからのリフレクションは選択肢を増やすきっかけとなります。他にも、

・教師としての経験を積んだこと
・先輩や同僚からのアドバイスをもらったこと
・さまざまな事例、そして本書のような教育書から知識を得たこと

といったことがきっかけになります。

選択肢をつくる時に大切な考え

　川上（2022）は『教室マルトリートメント』にて、

子どものことを理解せず、ただ熱心に子どもを「直そう・変えよう・正そう」という使命感に燃えてしまう教師も実際のところ少なくありません

と書いています。この言葉を引用すると、

　子どものことを理解せず、ただ熱心に子どもを「直そう・変えよう・正そう」という思いのもとにつくられた選択肢は間違い

ということになります。熱心に子どもを「直そう・変えよう・正そう」という思いのもとでつくられた選択肢が、ともすると体罰ということもあり得ます。

　そうなることを防ぐには、まわりの先輩に日頃から悩みを相談し、先輩の経験を聞き、アドバイスを得ておくことが一番の方法でしょう。

選択して失敗したら?

　先生という仕事は、相手とコミュニケーションをしていく、相手のことを想像しながら進めていく仕事です。そのため、選択肢も

**　　　自分の選択肢というより相手のことを考えた上での選択肢**

です。そのため、選択肢を選ぶことに難しさがあります。しかも、時間をかけることができず、基本的には即決しないといけないことの方が多いです。おそらく10秒以内で決断していることも多いのではないでしょうか。

　おそらく10秒を超えると、相手に不安感を与えてしまう恐れがあります。また、悩んでいることを表に出さずに、心の中で考えています。まさに役者顔負けの場面でもあります（私は場合によっては、「実は先生も悩んでいる…」と言うこともあります）。そして、

**　どれを選択するのか正解はない**

**　自分が正しいと思った選択肢でも、結果として間違えていた**

ということもあります。

　ただ、選択することを必要以上に恐れてはいけません。失敗したと思っても、その選択したことについてまわりにも相談し、リフレクションを得ればよいのです。そのリフレクションが次へとつながっていきます。

　私はこれまでに数々の失敗をしてきました。しかし、その失敗した経験とそのリフレクションによって、選択肢が増えたことも事実です。

**　本書の2章以降では1つのケースについて3つの対応を示し、たくさんの選択肢を紹介していきます。**こんな本はなかなかないと思います。読者の皆さんにとって新しい対応の知恵として使っていただき、若いうちに多くの経験値を増やしていただけたらこんなに嬉しいことはありません。

4 対応上手な 先生になるために

選択肢をつくり続けよう

　基本的には、何か指導しないといけない場面で、

①「どう指導しようかな」と思う→　②選択肢が浮かんでくる→

③選択肢から選ぶ→　④実際に実行する

という流れが基本になります。この流れは1回で終わることもあれば、何度も繰り返されることもあるでしょう。

　繰り返す中で、「この選択肢ではうまくいかなかった」と思い、どのようにすればこの子にメッセージを届けることができるのかと悩み、新たな選択肢をつくることが多いように感じます。

　こういった場面では、自分が悩んでいるにもかかわらず、無理に選択し、実行するとうまくいかないことの方が多いからです。また、本音を言うことがこの子にとっては大切なのかもしれないと思うことがあれば、それも選択肢として加えます。

「悪い子」という見方は捨てよう

　すぐに手が出てしまう子がいた場面では、たとえば

①これまではとても仲良くしていたのにどうしたのかな?

②自分の思いが伝わらなくて、手が出てしまったのか

③今回も前回のような何かきっかけがあるのでは?

といった選択肢を思い浮かべることでしょう。「すぐに手が出る=暴力=悪い子」という構図をつくっていないことが大前提となります。だから、3つの選択肢が思い浮かぶのです。

ただし、相手を傷つけるような時、いじめのような時は「すぐに止めさせ、叱る」といったように、指導の選択肢は１つです。

１つの場面をいろんな切り口で考える

①これまではとても仲良くしていたのにどうしたのかな？
　→「仲良くしてたのに、どうしたの？」
②自分の思いが伝わらなくて、手が出てしまったのか
　→「どうして手が出てしまったの？」
④今回も前回のような何かきっかけがあるのでは？
　→「今回も何かきっかけがあったの？　あなたは何でもかんでも手を出すことはしないでしょ」
と選択することによって、子ども達に投げかける言葉が変わってきます。また、その言葉をやさしく言うのか、怒り気味で言うのか、いつものように言うのかという選択もあることでしょう。もしその選択肢でうまくいかなければ、別の選択肢を使うこともできます。
　教師としての経験が不足していたり、どのような対応をすればよいのかという知識が不足していることも選択肢をつくりづらい理由ではないでしょうか。２章以降がきっと役立つことと思います。

第 2 章

どんな子も
取り残さない！

・・・・・・・・・・・・・・・・・・・・・・・・・・・・・・・・・・・・・・

授業場面で
うまくいく
3つの言葉かけ

挙手をしない子・発表をしたがらない子に困ったら？

挙手せず発表したがらない子は、やる気がない子に見えたり、全員の前で発表させる手立てを考えがち。でも、全体発表以外の方法でアプローチする方がうまくいくことも。

その見方
ちょっと待って！

あの子はいつも挙手をしなくて困ったな。
もっとやる気出してもらいたいのに…

見方のポイント
挙手できないのは理由がある

「授業では、挙手をして、自分の考えを堂々と話してほしい」ということは、どの先生も子ども達に望んでいることです。しかし、実際はなかなか挙手をしない子もいるのが現状です。個人懇談で、保護者から「うちの子、全然挙手しないですよね…」と言われたことのある方もいるかもしれません。「なかなか挙手することができない子」のためには、手立てが必要です。「挙手をしない＝やる気がない」というわけではありません。何か挙手することができない理由を探し、その子に合った言葉かけをしましょう。

「全員、ペアで話してみようか♪」

全員の前での発表は勇気のいる行動なので、ペアで話をすることで、自信をつけていく。

小さな成功体験を積み上げよう！

　何となくこれかな？　という自分なりの答えは持っているのですが、それを全体の場で言うのは自信がないのかもしれません。また、「間違ったらどうしよう」と不安を抱いているのかもしれません。

　そこで、ペアトークを取り入れます。２人という小規模な環境なので一気に発表のハードルは下がります。全員の前で言えるようにペアで練習をします。自分の考えがない場合は、友達の考えを聞きます。

　ただ、ペアトークにせよ全員の前にせよ聞き手の反応がとても大切です。「発表してよかった」という成功体験を積み上げていく必要があります。話し手が気持ちよくなるような聞き方をしている子どもを価値付け、聞き手を育てることも同時に進めていくとよいでしょう。

うまくいく言葉かけ❷

（教師が自分で間違った回答をして）
「これで合っているよね?」

教師がわざと間違うことで、子どもが思わず説明をしたくなる場面をつくり出す。

教師の間違いが子どものやる気を引き出す!

　正しい答え、完璧な説明を言わなければいけないという雰囲気が、挙手をして発表することを妨げているのかもしれません。正しい説明をして、周りの子ども達が「同じです」「いいです」と返すような形式的な発表ばかりだと授業がどんどん退屈になってしまいます。

　そこで、時には間違ったことを教師がわざと言います。教師が間違うというのは子どもにとって意外なことなので、驚いたような顔をします。それと同時に、「先生違うよ!」と中々のパワーでツッコミが入ります。「先生は間違っていないと思うよ、これで合っているよね?」そう続けると、子ども達は勢いよく手を挙げて、教師の間違いを正そうと説明をし始めます。こういう展開も時には効果的かもしれません。

全員に向けて「〇〇さんが言ったことをもう一度言える人」

話を聞いていれば答えられる問いかけをして、教室に少しピリッとした緊張感をつくり出す。

発表を他人任せから自分事へ

　ある子どもが発表した時に「〇〇さんが言ったことをもう一度言える人?」とクラス全員に尋ねます。これは、発表を聞いていれば全員答えられるはずです。自分で考えをつくり出すわけではないので、発表の難易度は低くなります。聞いていなかった場合は、責めることはせず、もう一度聞くチャンスをあげます。自分の口で説明できたことを価値付け、他人任せから自分事へと変えていきます。こういったやりとりを日々続けていくと、自信を持って手を挙げて発表する子どもが増えてきます。「もう一度言えるということはしっかり話を聞いているということだね。友達の考えを大切にしているのが伝わるよ」と、発表するようになった成長を価値付けていきましょう。

教師の話に対して すぐ発言しちゃう子には？

教師の話に言葉を挟む子は、実は悪気がないということもあります。しかし、他者はそう思ってくれません。他者からの視点を伝えることが必要な場合があります。

その見方 ちょっと待って！ 話を聞いてもらいたいのに…もしかして、授業をさえぎろうとする嫌がらせ？！

見方のポイント

高圧的な指導だけではNG

　　教師の話に対してすぐ発言する子に対して、「静かにしなさい！」「教師の話は絶対に聞きなさい」といった高圧的な指導は、その場では有効かもしれません。しかし、後日同じことをその子は繰り返してしまうことでしょう。それに対して、また、高圧的な指導…。これでは負のスパイラルに陥り、その子にとってはプラスの指導になっていません。こういった子は、悪気もなく、すぐに発言をしてしまっているということもあります。特に低学年で多い傾向です。高圧的な指導だけでは、その子の成長につながりません。

（聞き流す→その後個別で）「どうして返事しなかったかわかる?」

自分勝手な発言ならその場では聞き流し、後から個別指導を。誤学習を正し、成功体験を積むことで自信につなげましょう

普段からの関係づくりも大切に!

「話しかけたら先生が答えてくれる」と誤学習をしているのかもしれないので、全体の中で自分勝手に発言をしているなら聞き流します。その後、個別で「嫌いで無視したわけじゃないよ。先生がどうして返事をしなかったかわかる?」と尋ねます。

「最後まで話を聞きたい子もいるし、うるさくて困っている子もいるかもしれないよ」と伝えます。最後まで話を聞いてから発言できた時には、「待つことができたね」と認め、誤学習を正していきましょう。

また、授業中の聞き流しから「先生に嫌われている」と誤解を与えないよう、普段から関係を深めておくことが必須です! 休み時間に会話をし、授業中とのメリハリをつけましょう。

（途中で言葉を挟んでほしくない理由は）
「みんな公平だからだよ」

朝の会など落ち着いた雰囲気の時に、「話を最後まで聞いてほしい理由」について学級全体に話をしましょう。

教師が理由を語れることが大切！

途中で言葉を挟まずに人の話を最後まで聞くことはなぜ大切なのでしょうか。たとえば、2人きりだったら途中で言葉を挟んでもよいかもしれません。でも教室には40人ほどの子どもがいるので、全員が同じことをしたら教師の話どころではなくなります。

では数人なら途中で言葉を挟んでもよいのでしょうか。これでは公平な教室とは言えなくなりますね。…たとえばこんな話で、話を最後まで聞いてほしい理由を伝えます。もちろんこのとおりでなくても、学級の子ども達に、教師自身が語れる話をもっていることが大切です。

発達段階に応じて、話の聞き方の掲示物を常掲しておき、折に触れて確認するのも、年間を通して一貫性があり効果的です。

（保護者との連携で）「どのように関わられていますか?」

特性が強い場合は、保護者との連携がカギ! 「困っています」ではなく「その子に合う対応を一緒に考えたい」のスタンスで。

家庭と同じ対応で、子どもの安心感もUP

　衝動性が強い特性を持っているのかもしれません。保護者との連携を密にし、学校生活での様子を伝え、家庭での様子を尋ねます。「困っています」というスタンスではなく、本人の困り感や保護者の困り感を共有し、有効な手段について情報交換をしましょう。学校と家庭で同じ対応ができれば、子どもの安心感につながります。

　学級全体に共有した方がよい特性があれば、保護者の承諾のもとで、子どもの特性を学級全体に伝えておくことで（もちろんやんわりと）、他の子どもの理解も得られるでしょう。その場合も、授業中の衝動的な発言に対しては、「そうだね」などと軽く相槌は打ちながらも、他の子どもの授業の妨げにならないようにします。

授業開始すぐの取りかかりに時間がかかる子には？

授業開始に準備ができていない子。活動の指示になかなかすぐ取り組めない子には、何かできない理由があります。具体的な手立てを講じることがうまくいく秘訣です。

その見方ちょっと待って！

何度言っても準備ができてない子がいると、ついイライラしてしまう

見方のポイント

具体的な手立てで解決！

　　活動の指示をしても、なかなかすぐに取り組むことができない子は、どの学級にもいることでしょう。その子達の準備が終わるまで待つと他の子ども達が不満を持ち、だからといって先に始めると、その子が困り…。そんな場面にイライラしてしまうことはありませんか。イライラしてしまう気持ちはよくわかります。でも、「どうして他の子はできているのに、この子はできないのか」といった他者と比較する見方は控えるようにしましょう。それよりも、具体的な解決策を考えることが大事です。

（児童の机と机の間を歩きながら）
「今日は3点セットだよ」

最初が肝心！　授業の取りかかりは机の上の準備から！

1つ1つの指示を、丁寧に

　何からすればよいのかわかっていないのかもしれないので、1つ1つ指示をします。「机の上の準備OK？」「今日は3点セットだよ」などと机上の準備から始めましょう。「準備ができている子から問題出すよ〜」と言いながら机の間を歩いてみるのも低学年では効果的です。「日付を書いた人は立ちましょう」と、1つの作業を終えた時に動きを入れるやり方もあります。黒板に日付を書きながら「先生と同じ速さで書いてる子、いるわけないよね〜？」と後ろを振り返って「えー！もう書けたの！」と作業ごとにほめたり、確認したりしていきます。

　授業準備セットを書いたボードなどを黒板に提示したり、保護者や本人の了解のもとで席を前列にしたりすることも考えられます。

（ピンポンブーなどを手に持って）
「問題です！」

休み時間あけは頭がぼんやり…何だか気分が乗らない…そんな
時こそ、授業の導入で引きつけて参加したくなる工夫を！

子どもがわくわく！　どの子も参加したくなるしかけ

　楽しい導入で学級全体をアクティブな雰囲気にします。

　例①クイズ的な要素を取り入れる。ピンポンブーなどを手に持って
「問題です！　じゃじゃん」と言います。子ども達は、「え？　なにな
に？」と「何か楽しいことが始まりそうな予感」をふくらませます。「2
×3＝？」など簡単な問題をテンポよく出していきます。

　例②興味をひくような実物を用意する。「今日はこれを使います」
と言いながら、たいしたものでなくても黒い布で隠しておけば、子ど
も達のわくわくを引き出すことができます。

　例③問題を少しだけひねる。たとえば「2mのリボン」ではなくて
「2mのチュロス」にするだけで子どもは関心を持ってくれます。

（近くへ行って小さな声で）
「何か忘れものした？」

何か気になっていることがありそうなら、さりげない一言で「気にかけているよ」の合図を送りましょう。

「いつもと違う」を見逃さない！

　意欲があるにも関わらず、何か気になっていることがあって集中できないのかもしれません。授業中にぼんやりしている様子があれば、「どうした？　何か忘れものした？」と近くに行って小さな声で声をかけます。本当は忘れものが理由ではないと教師が気づいていたとしても、この言葉なら特別な言葉ではないので声をかけやすく、その一言で子どももはっと我に返るかもしれません。また、教師が気にかけているということも伝わります。

　取りかかりが遅い時だけ声をかけがちですが、授業の準備がさっとできた時にも見逃さずに「準備が早いね！　すてき！」などと、明るいトーンで声をかけることも忘れずに。

集中して話を聞けない子には？

ボーッとしていて、先生の指示や、子ども達の発表を聞けていない子がいます。聞くことは意外に難しいこと。日々の言葉かけや価値付けで意識させることで変化が生まれます。

 叱っているのに、全然聞いてくれないし、またすぐボーッとするから困るなあ

見方のポイント ## 子どもの聞く力を伸ばそう

　　すぐにボーッとしてしまい、先生の指示や説明、子ども達の発表を聞けていない子を見ると、この子は集中していないと思ってしまうものです。だから、「集中して取り組みなさい！」「どうして集中できないの！」とその子を叱ってしまいがちです。私もよく叱ってしまいます…。もちろん、その子が集中していないこともあるでしょう。そんな時は、感謝やほめ言葉を使って、その子の「聞く力」を伸ばしていきましょう。

「真剣に聞いてくれているね！ ありがとう！」

できている姿を見逃さないことが大切です。あるべき姿を示すことができたら、その子の承認欲求も満たすことができます。

真剣に聞いてくれてありがとう！

「見ているよ」を伝えよう

　聞くことへの苦手意識を持つ子は多いです。「聞く構え」をつくることが大切です。聞くことに苦手意識があっても、話し始めは集中して聞くことができているはずです。その姿を認める言葉かけをします。「先生が見てくれている」と感じたその子は、承認欲求が満たされたり、先生の喜ぶ姿を嬉しく感じたりします。こうした思いが、聞き続けようとする意欲を高め、プラスのストローク（前向きな雰囲気）が生まれます。しかし、いつもその子に言葉かけだけしていると、教室に違和感が生まれてしまいます。そこで、肩にポンと手を置いたり、視線で伝えたりと、さまざまな方法で伝えるようにします。「先生が見てくれている」と、その子が感じられる自然な方法を継続するとよいです。

「ここまでの話は
伝わっているかな?」

(その子の様子を確認しておき) 集中が切れる前に、確認の言葉かけをすることで、話を聞くことへ注意を向け直すように促します。

こまめに確認することが大事!

複数の対象に注意を向ける力が弱い子なのかもしれません。そうした子どもは、より強い刺激があると、そちらに全ての注意を向けてしまうため、集中ができないのかもしれません。

刺激物を減らしても、空想や些細なことにも注意を奪われます。なので、定期的にその子の様子を確認しましょう。もし、教師の話以外に注意が移っていると感じたら、話へと注意を戻す言葉かけをします。

そんな時には、そこまでの話の振り返りを促す言葉かけをするとよいです。そして、ここまでの話を簡単にまとめて伝えましょう。ここまでの内容が理解できていないと、この後の話を聞いても理解できないからです。聞く力は、少しずつ伸ばしていく必要があります。

「すごい！ 〇〇さん（周りの子）の 聞き方が素晴らしい！！」

話を聞くことのできている子に言葉かけをすることで、あるべき姿を示します。自分も認められたい気持ちから、他の子の聞く意欲も高まります。

聞き方のモデルを示そう！

　ある子が話を聞けていないと気づいた時には、この言葉かけです。話を聞けている周りの子の姿をほめることで、「今は話を聞く時間だった」という気づきを促すことができます。また、どういう姿がよい姿であるかという具体的なモデルを示すことにもつながります。

　この言葉かけのよさは、ほめられた子が嬉しいだけでなく、注意せずに聞くように促せるところにあります。苦手意識のある子は、注意される機会が他の子よりも多くなりがちです。本人の自己肯定感を下げないためにも、このような直接注意しない注意の方法は有効だと言えます。この言葉かけの後に、聞けている姿を認める言葉かけも合わせて行い、聞く姿が定着するよう見守りましょう。

落ち着きがなく、他の子を邪魔する・影響を与える子には？

落ち着きがなく、他の子や授業の邪魔をする行動には「その子自身」の問題と捉えがち。でも、授業展開、授業形態など、子どもに寄り添って活動を考え直すチャンスかもしれません。

その見方ちょっと待って！

みんなの邪魔をしているし、注意では聞かないから、時にはキツく叱らないと

授業を見直すチャンスかも

😊　　落ち着きがなく、おしゃべりや立ち歩きをして授業の邪魔をしてしまう子は、他者に迷惑をかけているため、指導をすべきです。しかし、他の子に悪影響を与えていることから、「この子は他者に迷惑をかける悪い子」という見方だけをしてしまうのは間違えています。また、その子だけが悪いという見方も間違いです。その子自身に寄り添い、その子が活躍できるような授業展開や授業形態などについて、考え直すという視点を持てるようになると、きっと気持ちも楽になり、見方も変わることでしょう。

「先生にはここ難しいなあ。〇〇さんはどう思う?」

授業前半に誰でも答えられそうな問いかけをして、おしゃべりする子どもを授業に巻き込んでいく。

自然な流れで、話をふる

　周りのことを邪魔しているという意識はなく、自分が思ったことは全て口に出してしまうのが癖なのかもしれません。全く授業に関係のない話をしているのなら、その話は止めた方がいいです。ただ、止める度に授業が止まったり、声かけによって嫌な雰囲気が流れたりするので、時には「巻き込む声かけ」も効果的です。

　その子どもが答えられそうな時に「〇〇さんはどう思う?」と尋ねます。授業後半や難しい話題の時に尋ねても「わかりません!」と返されてしまいます。授業開始や比較的簡単な話題の時に、おしゃべりしている子どもをいきなり指名して、簡単な問いかけをし、授業に巻き込んでいきましょう。

「ペアで〇〇について 話をしましょう」

全員の子どもが話をする場面をつくって、少しでも授業に参加できるようにする。

今からペアで話すよー!

ペアにすることで、どの子どもにも役割を

　1人で聞いていても授業の話がわからず、授業が楽しくない、聞きたくないと思って、立ち歩いているのかもしれません。一斉授業で先生だけが説明をたくさんしている、また、ある特定の子どもだけが発表している授業になっている場合は、授業展開を少し変えてみるといいです。全員の子どもが話をする場面をつくるのです。

　まず、「ペアで〇〇について話をしましょう」と指示を出します。ペアとなると、立ち歩いている子どもも席に戻る必然性が生まれます。立ち歩いていた子どもはそれまでの話題を聞いていない可能性もあるので、教師が間に入って、「さっきまでこんな話をしていて、ペアでは〇〇について話をするんだよ」と話題の整理をしてあげましょう。

「自由に歩き回って、ノート交流タイムをしましょう」

立ち歩きをクラス全体の必要な活動にしてしまうことで、1人の立ち歩きを目立たなくさせる。

みんな立ち歩けば目立たない

　そもそも45分間じっと席に座って、話を聞き続けるというのをしんどいと感じる子どもは一定数いるはずです。立ち歩くというのは、そのしんどさから解放されるための行動であるかもしれません。また、立ち歩くというのは決してマイナスな理由ばかりではありません。授業がおもしろく、自分とは異なる友達の考えも知りたくなって立ち歩く可能性も考えられます。

　1人だけ立ち歩くから目立つのです。そこで、「自由に歩き回って、ノート交流タイムをしましょう」とクラス全員が立ち歩いてもいい時間を取ります。ある子どもにとってはしんどさからの解放になり、ある子どもにとっては知的好奇心が高まる時間となるでしょう。

複数で授業中に遊び始め、うるさくする子達には？

複数人が授業中に遊び始めたり、うるさくしたりして授業が進まない。そんな時は、叱るより、1人1人の理解の状況を確認したり、望ましい姿を明確にする方法が効果的です。

「授業中は遊ばない」、なんでこんな簡単なことが伝わらないんだろう

1人1人に時間をかけて向き合おう

周りの子に影響を与えているところから、この子達は他者に迷惑をかける悪い子達だという見方をしてしまいがちです。そして、つい叱ってしまい、後になり少し言いすぎたかな…と思うことがあることでしょう。気持ちはよくわかります。時間はかかるかもしれませんが、全員まとめて指導するのではなく、1人1人の理由を探り、手立てを講じていくことが大切です。時間をかけて、じっくり取り組むことが根本的な改善につながるのです。

「（後で時間を取り）今日の授業内容で わからないところあった？」

遊んでいるその場で声をかけるのではなく、授業後など2人きり で話せる時に言葉をかけてあげると、教師の心配が伝わりやすい！

学ぶことの楽しさを味わう経験をつくろう

　授業の邪魔をしている原因の1つとして、授業の内容がわからなく なってしまい、友達とふざけたり、おしゃべりをし始めたりしている のかもしれません。

　その場で聞いても、友達と一緒にいるからこそ「わからない」と素 直に言えず、どんどん授業内容がわからなくなってしまうこともある でしょう。そこで、その場で声をかけるのでなく、授業が終わった後 など2人きりになった時に、声をかけてみます。

　「この内容がわからなかった」とその子が伝えてきてくれたら、も う一度丁寧にその授業のポイントを押さえることで、学ぶことの楽し さを味わうことができ、授業の邪魔が減っていくかもしれません。

うまくいく言葉かけ❷
「今日の授業の受け方、
姿勢すてきだね！」

改善できている場面や、授業への向き合い方でよい部分が見えた場面では、すかさず認めよう！

よい行動をほめ、正の強化を

　授業中に遊び始めたり、うるさくしてしまったりする中でも、よい姿勢で授業を受けている場面があるはずです。その瞬間を見逃さず、よかったところを具体的に言葉にして認めることで、周囲の邪魔にならないように授業を受けることの強化につながります。よかったところを言語化することで、子どもの中でも「これがいいことなのか」と理解しやすくなります。

　みんなの前で認められたいというタイプの子どもであれば、周りの子達にも聞こえるボリュームでほめます。それが苦手なタイプの子どもであれば、その子の近くでその子にだけ聞こえるボリュームで伝えてあげることも大切な１つのポイントです。

「よーし！ すてきな聞き方を 確認しようか！」

クラスがざわついたときこそ「すてきな聞き方」をしている子どもに焦点を当てよう！

マイナスの場面をプラスの場面に転換しよう

　教室がざわざわして、学習と関係ない話が聞こえてくると、「うるさい！」と一喝したくなる気持ちも出てくるでしょう。ただ、その場面でかける言葉を一工夫し、「すてきな聞き方」を確認する声かけを行います。また、ぱっと切り替えられた子どもを見逃さず、「おお！○○さんの聞き方、しっかり聞いてますというのが目線からも伝わってくるね！」「○○くん、姿勢まですてき！」というように具体的にほめることが大事です。

　「うるさい！」の一言で終わってしまうようなマイナスな場面も、ほめるプラスの場面に転換することで、学級がまた１つよい雰囲気に変わっていくことでしょう。

第**3**章

担任の視線で
子どもの成長がパワーアップ！

・・・・・・・・・・・・・・・・・・・・・・・・・・

生活場面で
うまくいく
3つの言葉かけ

すぐに手が出てしまう子には？

トラブルがあったり、不満があった時、すぐに手が出てしまう子には「暴力を振るう子」というレッテルを貼るのではなく、適切な安全確保の対応と、事実関係の確認が必要です。

その見方
ちょっと待って！

暴力を振るう子は、悪い子だ。
問題児として、指導しないといけない

見方のポイント　　**暴力だけに注目しないで**

　　　　何かトラブルがあった時、自分に嫌なことがあった時にすぐに手が出てしまう子を、「暴力を振るう子＝ひどい行動をする子」と見てしまいがちです。暴力は悪いことです。その子自身が暴力を振るわないように、指導していくことが大切です。しかし、その子にとっては、自分の考えをうまく伝えることができず、自分のことを周りがわかってくれないために暴力を振るってしまうこともあります。「暴力を振るう子だから」と決めつけない見方をしてみましょう。すると、気持ちが楽になるかもしれませんよ。

（トラブルを静止した後）
「何かあったの？」

暴力に対して厳しく指導しなければという気持ちが高まりますが、落ち着いて！　暴力を静止したら、まずは話を聞きましょう。

怒りのふり返りを促そう！

　自分の気持ちをうまく表現することが苦手で、言葉で伝えられない気持ちを暴力として表現したのかもしれません。

　「何"が"あったの？」と事情を聞いて整理することも大事ですが、「何"か"あったの？」とその子の気持ちを理解することも大切です。トラブルを解決するだけでなく、その子に誤った行動を修正するよう働きかける必要があるからです。

　その子の気持ちを理解した上で、行動を振り返らせます。そして、その時の対応の仕方や、正しい表現方法を一緒に考えます。その上で、自分の気持ちを表現する方法として、暴力は使わないように約束させるとよいでしょう。

（事情を聞いて）「こんなに怒った理由はわかったよ」

暴力行為は許しません。でも、怒ってしまったことは否定せず、やってしまった行動を指導するように気をつけましょう！

指導はするけど、聞くことも！

　衝動性が強く、本人も思わず怒ってしまったのかもしれません。怒りの感情を否定すると、すぐにカッとしてしまうその子自身を否定してしまうことにつながる可能性があります。

　事情を確認する時に、その子が怒った理由についても確認しましょう。そして、怒った理由に対する理解を示すとよいです。そうすることで、安心して話ができるようになります。本人が安心することで、指導を受け入れることができやすくなります。

　ただし、怒りの理由を理解はできても、やってしまったことを認めてはいけません。暴力は絶対に許されないことであるという指導は、十分に行うよう気をつけましょう。

「みんなによく思ってもらうには どうしたらいいと思う?」

どんな理由があったとしても、暴力は許されません。繰り返し 指導しなければならない教師の気持ちを伝えてみましょう。

「あなたを大切にしたい」を伝えよう!

　自分のやっていることが、周りからどのように見られているかわ かっていないのかもしれません。周りの見え方や感じ方を、その子と 一緒に考えてみるとよいです。

　繰り返し暴力を振るう様子が見られると、理由に関係なく、「また ○○さんが!」という風に周りに見られるようになります。「君が怒っ てる理由や気持ちが、周りに伝わらなくてもったいないと思ってるん だ」と伝えます。そして、伝わるようにしたい教師の思いを伝えます。

　教師の思いが通じ、暴力を振るう様子が見られなくなった時に、「そ の調子だよ」「よくがんばってるね」と声かけすることで、そのよい 姿を継続することができます。

先生に反抗する子には？

反抗することによって、甘えていることもあります。悪い子と
みなすのではなく、その子に寄り添う対応を考える必要があり
ます。

その見方
ちょっと待って！

いつも反抗してくるから、そのたびに叱ってい
るけど、正直もう疲れたよ…

なんで先生の
言う通りにしない
といけないのっ

見方のポイント

不信感や甘え、反抗の理由はさまざま

　先生に対して何でもかんでも反抗する場合は、先生に
対して不信感があるのかもしれません。そういった場合、
子どもが反抗をするたびに叱ったりすると、その子との溝が広がって
いくばかりです。反抗するということはその子なりの考えがあったり、
また、甘えたい気持からかもしれません。先生の言うとおりに動く子
が、よい子どもなのではありません。先生が言うことに対して、おか
しい時にはおかしいと言える子の方がよいのではないでしょうか。反
抗の理由もいろいろあるのですよ。

「〇〇さんは どうしたいと思ったの?」

反抗する行動に隠れた子どもの本音を聞き出せるように、教師が一歩引いて落ち着いて対応する。

心の余裕を持って、冷静に対応しよう

　過去に明らかに自分が正しいと思っていたのに、先生に理由も聞いてもらえずに叱られたことがあるのかもしれません。過去の先生との関係の崩れが今につながっている可能性があるので、反抗する行動には叱責するのではなく、反抗したくなる思いを聞き出す必要があります。そこで、子どもの反抗に乗らずに、冷静に「どうしたいと思ったの?」と問いかけます。最初は「うるさい」など、この問いかけに対しても反発してくるかもしれません。一度で関係の崩れを修復するのは難しいので、長期的な視点で信頼関係を築いていけるように、時間と心の余裕を持ち合わせることが大切です。反抗的な行動に隠れた子どもの本音を聞き出せるように、丁寧に関わっていきましょう。

「今、落ち着いて話すのは難しいようだね。後で2人で話をしよう」

先生への反発心を少しでも減らせるように、子どもの感情が落ち着く環境で話をする。

感情的にならないよう、場を設定する

　先生という大人に対して、対等な立場でものを言っていることで、周りからもかなり注目が集まります。注目が集まることで、その子どもの感情も高まります。みんながいる前で反抗することに快感を覚えてしまい、何か少しでも嫌なことがあったら反抗するのが当たり前になってしまっているのかもしれません。

　そんな時は、「今、落ち着いて話すのは難しいようだね。また後で2人で話をしましょう」と教師が冷静になってその場を流すことが必要です。「後で」と、時間を遅らせることで、その時には反抗的な感情もおさまっていることが多いです。時間や場所などの環境を変えることで、教師も子どもも落ち着いて話をすることができるでしょう。

「先生にしてほしいことは何かある?」

何もしない状態から一歩踏み出せるように、まずは子どもの思いをしっかり聞いてあげる。その上で、教師の願いを伝えよう。

先生にしてほしいことは何かある?

言葉で制圧せず、無条件に受け入れよう

「先生にしてほしいことは何かある?」と教師側から子どもに尋ねます。反抗する行動の裏には、何か教師に気づいてほしい思いがあるのかもしれません。反抗を言葉で制圧するだけでは、この子どもの思いを聞き出すことはできません。反抗に乗らず、教師が一歩引いて、子どもの思いを引き出します。

無条件に子どもの話をまずは聞いてあげる姿勢を続けていくと、強い口調や激しい行動で反抗する姿が減ってくるかもしれません。よい変化があれば「今みたいに、自分の気持ちを落ち着いて話してくれるだけで、先生には十分伝わるからね」と、反抗せずに素直に話をする姿を認めて、声をかけていくようにしていきましょう。

給食をあまり食べない子 には？

「給食は完食しないといけない」という思いが先生に強すぎませんか。まずは、その意識をなくしましょう。

あの子、また給食を残しているみたい。
全部食べることに慣れさせないと

見方のポイント

マイナス感情が残らない給食指導を

　みんなと同じ量を食べる、完食するとよいといった見方が、いまだ給食指導において強いように感じます。給食が嫌で、学校に行きたくないという話を聞いたことがありますが、この給食指導が嫌だと子ども達は感じているのではないでしょうか。実は、私がそうでした。完食することができるようになっても、子ども達にマイナスな感情を抱かせては意味がありません。その子に合った給食量、嫌いなものの克服法などを探っていきませんか。

「全部食べられなくても大丈夫。食べたい分だけ食べてごらん」

食べることに苦手意識を持っているのかもしれないので、自分の食べられる分だけで大丈夫だということを伝えよう！

目標を考え、スモールステップで達成しよう

　もともと少食で、食べることに苦手意識を持っている子もいます。また、「給食は決まった時間内で残さず食べないといけない」という気持ちが大きくなり、食べる前から不安を感じているのかもしれません。そんな時に、「大丈夫だよ」とその子が安心する言葉をかけ、ご飯の量や時間を確認しながら調整すると、「これくらいなら食べられそう」と安心して食べられるようになるかもしれません。

　たとえ一口だったとしても、今その子が食べられる量にし、"食べたい分だけ食べる"を初めの目標にしましょう。また、食べ終わった後も少しでも食べられたことを認め、一緒に喜ぶことで、食べることの苦手意識も少しずつ薄れていくでしょう。

「このくらいの量なら食べられそうかな?」

無理して食べさせるのではなく、本人の意思を尊重しながら、食べられる食材が増えていくように言葉がけしよう!

新たな食べものに挑戦する機会を

　好き嫌いがはっきり分かれており、好きな食べものしか食べない子も中にはいるでしょう。本当は全部食べてほしい…と教師としては思いがちですが、家で苦手な食べものが、学校でも苦手なのは変わりません。ただ、食べてみたら意外とおいしかった、今まで食べたことがなかっただけで、食べることができたということもあります。そこで、どれくらいの量だったら食べられそうかを確認して、挑戦する機会を増やしてあげることも大切です。

　もし少しも食べられなかったとしても、「食べようと頑張れたね!」と挑戦した姿や意欲をほめ、「次も挑戦しよう」と思えるような環境になるような言葉をかけていけるとさらにプラスに働きます。

「ゆっくり自分のペースで 食べていいよ」

好き嫌いで給食を食べないのでなく、会食恐怖症の可能性も頭において言葉をかけてあげよう！

会食恐怖症を理解しよう

　昨今、会食場面で不安と緊張が高まって、吐き気やめまいなどが起こり、ご飯を食べるどころではなくなってしまう会食恐怖症に悩んでいる子も少なくありません。給食を食べたがらないのは、食べものの好き嫌いだけでなく、会食恐怖症の可能性もあるかもしれないということを考え、「ゆっくり自分のペースで食べていいよ」と声をかけたり、気持ちを聞いたりしてみましょう。

　最初は空き教室などで食べることを提案したり、仲のよい友達などと一緒の場で、自分のペースでご飯を食べることを目標にして言葉をかけたり、少しでも食べられたらそれを認めてあげることで、だんだん給食が食べられるようになるかもしれません。

子どもがワザと人のものを壊したら？

ものを隠す、人のものを壊すことは犯罪行為です。行為自体が悪いことです。弁解の余地はありません。同じようなことが起きないための手立てを講じましょう。

人のものをわざと壊すなんて、言い訳も聞きたくないし、どうしようもない子だな

見方のポイント　大事なのは繰り返さないこと

　　人のものを壊すことは犯罪行為です。そのため、「人のものを壊すなんてあの子はとても悪い子だ」という見方になってしまうことは、ある意味、仕方がないことです。しかし、そういった行動の結果だけを見るのではなく、その行動に至った背景をもとに、同じことを繰り返さないための指導をしていくことが大切です。ものを壊す子は何かモヤモヤを抱えているのかもしれません。長期的に、保護者や他の先生と連携しながら、取り組んでいきましょう。

「おっと、それどうするつもり?」
(行動を止める)

行動をストップさせてから、端的に、ハッキリと、行動の何が
よくないのかを伝わるように言い切る。

本人の心に届くように

　危険な行動を取る子どもには、まずは行動を止める言葉かけをした
上で「何がいけないのか」が本人の心に届くように、①その行動の結
果どうなるのか、②何をしてはいけないのかを短くハッキリと伝えま
す。行動については見ている以上、弁解の余地はないので、本人の人
格を否定しないよう配慮はしつつ、毅然と言い切ることが大切です。
ストレートに伝える以上、その子自身のよさを見極め、ポジティブな
声かけも積極的に行っていきたいです。「落ち着いて自分の言葉で言
えたね」など、その子がものに当たることなく友好的な人間関係が築
けている姿が見られた時にほめることで、よい姿を自覚できるように
します。

「どんなことがあったの」

目の前で起きたことを勝手に解釈せず、事実確認を丁寧に。

行為の背景を温かく問いかけよう

　結果だけを見ると、目の前の子どもがわざと壊したように感じても、故意ではない事故的なハプニングだった場合も考えられます。特に、普段から勘違いされやすい子どもが起こした場合、その子が周りの子をわざと困らせているなど、その子だけが悪いと判断してしまうこともあるかもしれません。しかし、その事実だけで判断するのではなく、直前にあった行動や言動を丁寧に確認することで、まずはその事象の背景を把握することを大切にします。その際、周りにいる児童に問いかけるのではなく、当事者の子どもに対して温かい口調で問いかけることを大切に。その子にとっても、周りの子どもにとっても、「この先生は何があっても、まずは話を聞いてくれる」と感じられるようにしたいです。

「今度またこんな気持ちになった時、どう行動したらいいかな?」

行動の背景にある情緒の変化に対してケアをする。

気持ちを表すバリエーションを増やす

　イライラや不安を言葉で伝えられず、表現の仕方を間違えてしまっているのかも。まずは、行動に対して、本人の人格を否定せずに「その行動は間違っているよ」「悲しい気持ちになるよ」と伝えます。

　また、行動を咎めるばかりよりも、ものにあたる以外の方法で落ち着くことができるように一緒に考えていくことが必要です。そのために、行動の手段として、自分の思いを文章や絵にしたり、好きなことや得意なことをして気持ちを落ち着かせたり、思いっきりジャンプして発散したり…いろいろな表現方法があることを教えます。その中で、子どもにとって納得のいく方法を選び、教師とその子どもとの間で約束をつくり、ものにあたらなかったことをほめていきましょう。

たびたびこそこそ話をする子には？

つい見逃してしまうこそこそ話ですが、こそこそ話が見られたら対応が必要です。こそこそ話の行動自体の問題に着目することができるような指導をしましょう。

大きなことでもないし、気にならないな。指導しなくても大丈夫じゃない？

見方のポイント

こそこそ話こそトラブルのもと

　こそこそ話という行動に対して、何も気にならないという見方をされている先生もいることでしょう。何も気にならない先生は、子どもが「こそこそ話をされている」と相談しに来ても、「気にしすぎだよ」と返答してしまうかもしれません。私は子ども達に、「こそこそ話はトラブルのもと」という話をよくします。たとえ、悪口でなくても相手にとっては気になりますし、自分をチラッと見られたことに嫌悪感を抱く子もいます。それをきちんと教えながら、子ども達を見ていくことが大切です。

「こそこそ話をされると、先生は嫌な気持ちになるな」

アイメッセージで嫌な気持ちを伝えると、その子が考え直すきっかけになるかもしれません！

こそこそ話をされるとどんな気持ちになるか

　こそこそ話をすることで、周りの友達が嫌な気持ちになることに気づいていないのかもしれません。「こそこそ話をされて、嫌な気持ちにならない？」と聞いても、「ならない」という返事が返ってくることもあります。

　そんな時には、アイメッセージで伝えることが効果的です。「○○さんは嫌な気持ちにならないのかもしれないけれども、先生は嫌な気持ちになるなぁ。もしかしたら、先生と同じように嫌な気持ちになっている人が周りにもいるかもしれないよ」と教えることで、自分と違う考え方に気づくと共に、嫌な気持ちにさせてるのならやめた方がいいかもしれないと考え直すきっかけを与えられるでしょう。

「こそこそ話以外に、友達と仲良くするためにどんなことができるかな」

こそこそ話をしなくても友達と仲良くできる方法がたくさんあることを伝えよう！

「こそこそ話＝仲間」は誤った仲間形成

　こそこそ話を友達とすることで、どこか仲間意識を感じているのかもしれません。しかし、それは誤った仲間意識感です。エスカレートしてしまうと、いじめにつながることもあり得ます。

　そこで、こそこそ話をすることが仲間形成によい効果があるわけではないことを伝え、こそこそ話以外で仲良くする方法を一緒に考えていくことが必要です。

　具体的な内容が出てこなければ、こそこそ話をしそうな雰囲気になった時に、「それはやめよう」と断ってみるなど、具体的に教えてあげることも、教師の役割の1つです。

「こそこそ話をすると他の友達は いい気持ちかな？」

こそこそ話をすることで、相手がいい気持ちでいられるかどう
かを考えられるような質問を問いかけよう！

相手がどう思っているかを考えられるようにしよう

　こそこそ話をすることが、その子の１つのステータスになっている
ように思います。みんなの前でこそこそ話をすることで「教えて！」「何
を話してるの？」と言われて、注目を獲得したいのかもしれません。

　しかし、周りの友達は「もしかして自分のことを話されているかも
しれない」と不安になったり、いじめにつながったりしてしまうこと
もあるかもしれません。こそこそ話によって周りの友達からマイナス
に思われるかもしれないということをしっかり伝えるのが、その子に
とって大切になります。

　また、授業中などの他の場面で、その子の承認欲求を満たしてあげ
られるようにすることも重要でしょう。

グループでないと
行動できない子には？

トイレも教室移動も、グループで行動する子がいます。グループ行動の課題を認識し、グループのどのような行動が悪いのかという見方を持てると指導もうまくいきます。

> その見方
> ちょっと待って！
>
> グループ行動はトラブルのもと！
> 今すぐやめさせないと

見方のポイント　グループ行動をしてしまう理由は？

トイレに行く時も教室移動をする時も、必ず声をかけ合いグループで行動しようとする様子を見て、懸念を感じることがあるかもしれません。しかし、1人で行動しなさいと言ってしまうと、子ども達と溝を深めていくことになってしまいます。一概にグループ行動を否定するのではなく、グループによって起こる行動の中で、悪いこともあるといった見方で子ども達と接していくことが大切です。また、グループで常に動くことには何か理由があるはずです。その理由も探っていきたいものです。

うまくいく言葉かけ ❶

「（よい姿を見つけて）〇〇さんって、いいね！！」

「あなたは1人でいてもこんなにすてきなんだよ」、そんなメッセージをさりげなく伝えましょう。まずはじっくりと観察が大事です！

何がよいかをさりげなく示そう！

　自分に自信が持てなかったり、安心できずに過ごしたりしているのかもしれません。「常にグループでいなくても大丈夫だよ」と言いたいところですが、グループを否定したと捉えられる危険性があります。

　そんな時には、まずはその子をじっくりと観察しましょう。そして、その子がグループにこだわらずに活躍している場面を見つけて言葉かけをしましょう。「いいね」くらいがちょうどよいかもしれません。

　この時は、さりげなくその子だけに伝えるようにしましょう。大袈裟に取り上げてしまうと、グループから離れて活躍する姿を学級全体で価値付けたことになり、余計にグループからの視線を気にするようになります。さりげなく、認める言葉かけを重ねましょう。

「自分で考えて動けているの、いいね！」

自分らしく過ごす子を話題に、そのよさについて話してみましょう。「こんな風になりたい」と思えれば、よい変化が見られるかも！

その子のモデルを伝えよう！

　グループに合わせて過ごし続けることで視野が狭まり、グループとしての判断を優先するようになってしまっているのかもしれません。自分らしく判断することの「よさ」に気づく必要があります。

　自分らしく過ごしている子を、みんなのモデルに定め、この言葉かけをしましょう。みんなの前で目に見える姿を話題とすることで、その「よさ」に注目することができます。この時に、モデルの子が持つ「よさ」を、その子に押しつけないように注意しましょう。まずは、自分らしく判断することの「よさ」に自分で気づかせることが大切です。

「一緒にいてしんどくない?」

集団から離れる不安感の強い子がいる場合には、その不安の原因に気づかせる言葉かけを! グループで解決するためのきっかけづくりをします

グループの試行錯誤のきっかけを!!

　グループに同調圧力が生まれる原因として、「集団から離れる不安感の強さの共有」があります。そこでグループ全体に、その関わり方について「一緒にいてしんどくない?」と問いかけてみましょう。

　「しんどい」が出てこない場合には、グループ内に上下関係が生まれていることがわかります。まずは、その上下関係を指導する必要があります。また、「しんどい」が出てくる場合は、グループの問題を言語化するきっかけとなります。どういう行動が「しんどい」につながっているか? これからどうあるべきか? と、話し合いを進めましょう。こういう試行錯誤の過程は、グループや学級の成長を促すきっかけにもなります。

7 時間を守れない子には？

「時間を守れない＝きちんとできない子」と見てしまい、「ちゃんとしなさい！」と叱ってしまいがちですが、より具体的な指導が必要な子も多いものです。

本人が、時間を守れなくて困った経験をすれば治るだろう

見方のポイント

罰的な指導はしんどいのでやめよう

　　決してしてはいけない見方は、「時間を守れないことで、この子が困ったらよい」という見方です。この見方をすると、先生も子どもも不幸になります。また、「ちゃんとやれ！」「きちんとやれ！」と叱るだけでは、何も解決しません。時間を守れない子には、他者の時間を奪っていることを伝えていく必要がありますが、「時間を守らなかったら、休み時間の時間を減らす」といった罰的なことをしてしまうと、きっとお互いにしんどくなっていくのでやめましょう。

「(集合時間の5分前を指示)時計の針が5になったら、教室に帰ってこようね」

基本的な生活習慣が身についていない子どもには、1回で理解できるだろうと子どもを過信しすぎず、理解できるまで繰り返し指導する。

針がここに来たら、帰ってこようね!!

見通しを可視化しよう

　そもそも基本的な生活習慣が身についていない子どもに、「時間を守ろう」と伝えても、できないことの押しつけになります。教師としてやるべきことは、長期的な目で子どもに生活習慣を身につけさせることです。一度でわかるだろうと思いこまず、理解できるまで何度も繰り返し指導をします。低学年だと、集団生活での時間を守ることが十分に定着できていません。高学年ほど、困り感を持たずに見過ごされてきたことが考えられるため、一度や二度の指導ですぐに改善できるものではないのです。時間についてのルールを教えたり、次の行動をする時刻を明確に示したり、カレンダーやスケジュール表などを見せて見通しを可視化したりといった指導が有効です。

「時間を守るのが 難しいと思うのってどんな時?」

本人の力ではどうしようもないこともある。そのため、子ども 自身が抱えている困り感を聞き出し、それを受け止める。

時間を守る のが難しいと 思うのって どんな時?

集団や環境が原因にあることも

　時間を守ることが難しいのはなぜか、課題を共有した上で手立てを 考えます。時間に余裕がない子には「5分前行動」を意識させ、時計 で確認して見通しを持つ練習をします。付き合いで自分も遅くなった せいで叱られてしまう場合には、学級や学年の課題として、全体を巻 き込んで時間を守る取り組みを推進し、意識を高めます。また、教室 移動や着替えなど、教師が子どもの実態を踏まえた時間設定をしてお らず、やむを得ず遅れることもあるため、子どもの要望に耳を傾ける ことも必要です。特に着替えの場合は、安心や安全を感じない空間や、 人に見られることを強く拒否する子どもが遅れることがあるので注意 しましょう。

「みんなの時間を大切に してくれたね」

悪い注目を浴びることに慣れさせずに、よい注目を浴びるための仕かけをつくる。

温かい学級づくりへとつなげよう

　何か思いがあって、故意に時間を守ろうとしない子どもも中にはいます。そんな実態の中では、きちんと時間を守ることができた時に全体の場でほめることで、「時間を守ることでよいことがある」という気持ちを持たせます。ほめることで教室内に温かい空気が満ち、教師やクラスメイトとの関係性もよりよくなります。また、時間を守ろうとしない理由の中でも、その後の活動に対する意欲が低い場合には、教師が参加する意欲が湧くような授業改善を進めることも重要です。教師が話すことを聞くことばかりでは、子どもも前向きに取り組めないことが多いので、グループ活動を取り入れたり子どもの思いに沿った学習の流れを組んだりすることなどが考えられます。

忘れものが多い子には？

忘れものが多い子を見ると、ついやる気のなさが原因と考えてしまいがちですが、自分でも困って苦しんでいる子もいます。どうすれば忘れものをなくせるかという行動面のケアが必要です。

その見方
ちょっと待って！

忘れものが多いやる気のない子には、
何度も叱って言って聞かせないと

見方のポイント

感情的にならず、具体的な対策を

🙂　　時間が守れない子に対してもそうですが、決してしてはいけないのは、「忘れものをして、この子が困ったらよい」という見方。この見方からは、マイナスな状況しか生まれません。また、忘れものによって、クラス全員が困るような展開になることも決してあってはいけないことです。うっかりで忘れものをしてしまう子もいれば、忘れものをしたくないのに忘れものをしてしまう場合があります。忘れものが減るような手立てを考えていきましょう。

「連絡帳に書けたかな」

予定を合わせるための連絡帳を機能させる。書けるようになる
まで繰り返し確認しよう。

連絡帳に
書けたかな?

当たり前のことを徹底して、習慣に

　忘れもののケアレスミスとして、連絡帳から大事なことが抜け落ち
てしまうことがあります。よく連絡帳の書き漏れがある子どもがいる
学級は、その防止として、連絡帳を書く時間を学級で設定したり、ペ
アで交換して自分以外の目で確認をしたり、教師の目で最終確認をし
たり、連絡帳を徹底して書き切る指導をするべきです。次の日の予定
や持ちものを書くという基本的な習慣がついていないのに、「ちゃん
と持って来なさい」とだけ言うのは、まさに口先だけの指導になりま
す。一度忘れてしまったものをもう忘れないようにと、連絡帳の持ち
もの欄に赤文字で書かせ、持って来られたら、「ちゃんと連絡帳を見
てそろえられたね!」とほめ、連絡帳に書くよさを実感させます。

「どうすれば 持って来られるかな」

持って来るための方法を自分で考えられるように、自分でできるところや助けが必要なところを見極める。

自分なりの方法で達成できるフォローを

　連絡帳に書いたり担任が念押ししたりしても忘れてしまう場合、自力で持ちものを見直す習慣がまだ身についていないので、問題を解決する力を育みましょう。「忘れました」という報告に対して、まずは子どもと一緒に解決方法を考えましょう。一から考えることが難しい子どもには、「ランドセルのカバーの後ろにメモを貼る」「机の上に付箋を貼る」など、実態に合わせた案を提示します。自分なりの解決方法が出せたら、教師はその方法を実現できるように環境を整える支援をします。その後も、その子が決めたことが達成できたか、一緒に確認してフォローすることで教師と子どもの関係も悪くならず、子ども自身も失敗しても解決する工夫をするようになります。

うまくいく言葉かけ❸
全員に向けて 「明日は〇〇の日！」

「持って来られてよかった」と思う子どもを育てよう。

ミッション
成エカ!!

ミッション成功のためなら、持って来たくなる

　ものをそろえることの意識が低く、「何とかなる」というように困り感がないのかもしれません。その場合は、時間割の中でも「特にこれだけは」と思われるアイテムにねらいを定めて、学級全体を巻き込んで声をかけます。「明日はこれだけは絶対に持ってこよう」と指示を出すのもわかりやすいですが、「明日は〇〇の日！」「ミッション〇〇」など、子ども達が持って来たくなるような声かけや板書、掲示物などがおすすめです。すると、もし忘れものをしてしまっても、「忘れたら困るね」「悔しいな」と共感的に関われるので「次は持ってこなきゃ」という思いを育むことができ、忘れものが減り、全員の持ちものがそろえば「ミッション成功！」と、学級みんなで喜び合えます。

身の回りの整理整頓が できない子には？

身の回りの整理整頓ができない子は、なかなかそれができない特性を持っている場合があります。その子の特性を見取りながら、その子に合う方法を探りましょう。

他の子はできているのに、困ったな。
言っても伝わっていないみたいだし…

見方のポイント

「子ども任せにしない」が解決のコツ

「身の回りの整理整頓ができないのはその子のせい、いつになったらできるんだ」という見方では、イライラするだけです。イライラする気持ちはよくわかります。だからといって、「きちんとやれ！」と叱ってもあまり効果がないということは誰もが実感していることでしょう。叱って治るのであれば、身の回りの整理整頓で叱られることはないでしょう。そもそも、上記の見方は子ども任せの見方です。その子に合った整理整頓ができるようになる方法や意識の変革を探っていくことが大切です。

「ここにしまおう」

片付け方がわかっていない子どもには、視覚的にわかりやすく
教えましょう。

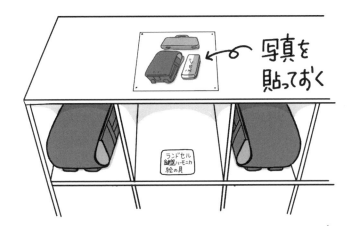

写真を
貼っておく

ランドセル
鍵盤ハーモニカ
絵の具

自分で整理整頓するよさを価値付ける

　片付け方がわかっていない子どもは、どこにどうしまえばいいのか
さっぱりわかっていないのかもしれません。そのため、しまう場所が
一目瞭然になるような色分けラベルをつけたり、しまい方の見本を示
した写真などを用いて視覚的に示したり、しまうことに慣れるまでは
一緒に整理をしたりします。学校で使う道具は限られているので、片
付けが苦手な子どもや、入学したばかりの1年生などには、あらかじ
めしまう場所を明確に決め、事前に1つ1つ説明しておくとよいです。
教師が手を貸さなくとも、机や椅子の周り、ロッカーの下などにもの
が落ちていなければ、「きれいだと気持ちがいいね」「先生がいなくて
も美しいね」と、自分で整理整頓することのよさを価値付けます。

「一緒に片付けようか?」

自分で片付けることのできる容量を超えているのかもしれません。パニックにならないようフォローしましょう。

今必要な持ち物か、一緒に見直す

　身の回りの整理整頓ができず、ものが溢れてしまっている子どもの周りにあるものは、その子どもにとって自分で片付けることのできる容量をオーバーしている可能性があります。そのため、そのような子どもの机やロッカーにある持ちものを本人と一緒に確認し、学校に必要なものかどうか見直します。

　持ち帰りの指示を既に出している場合(指導が終わったプリント、評価が終わった制作物など)はできる限りその日のうちに持ち帰らせ、必要以上に持って来ている場合(のりが3本、消しゴムが4個など)も少しずつ減らすように声をかけます。

「今日からこれが、あなただけの袋だよ」

空間認知の弱さなどで、特定の場所にしまうことが難しい子どもには、その子だけの方法を用意します。

まずは「これならできる」と自信をもたせて

　子どもの特性として、空間認知が弱いことも考えられます。その場合、ものの大きさの見当がつけづらかったり、決められた場所にしまうことへの負担感が大きかったりします。そのため、入れるものに合わせた仕切りを作ったり、うまくしまえなかったものを一括してまとめるための袋や箱を用意したりするのも1つの方法です。指導にあたっては保護者の方とも事前に連絡を取り、本人の困り感や保護者の願いを確認をした上で、本人の同意を得ることが重要です。そこで、専用の収納場所を設けることで、「自分は整理整頓をすることができない」というあきらめの気持ちから「これならできる」「きれいになった」と達成感を持つことができます。

謝るべき時に 謝れない子には？

ごめんねと謝らない子、謝らない時があります。わがままや強情などと決めつけるのは早計で、事情の事実確認が必要な場合があります。解決を急ぐより、丁寧な対応を。

> なんて自分のことしか考えられない、
> 自己中心的な性格の子なんだろう

見方のポイント　納得するまでとことん話し合おう

最近、子どもから前年度までのトラブルについて相談される機会が増えてきました。つまり、前年度のトラブルの解決に対して納得していないことになります。これは、「ごめんね・いいよで全てが解決する」という見方のせいではないかと考えています。ごめんねと謝ることができればよいですが、謝れないということは納得することができていないのかもしれません。「ごめんね・いいよ」ではなく、納得するまで話をしていきたいものです。

「メモを取りながら話を聞くね」

まずは事実を子どもと一緒に確認！　メモを子どもにも見せながら確認することで、子どもも事実を俯瞰して見ることができます。

教師は中立な立場で、感情を入れずに

　悪いことをした自覚がないこともあるので、まずはメモを取りながら事実関係を１つ１つ丁寧に確認していくことが大切です。客観的に事実を振り返ることで「自分がしたこと」「相手がしたこと」を整理できます。メモは子どもにも見えるようにすることで、出来事を俯瞰できるようにしましょう。「自分がしたことが悪いことだったかもしれない」または「自分は嫌ではなくても友達にとってこのことは嫌なことだったかもしれない」と気づくきっかけになることもあります。

　教師はあくまでも中立な立場で、感情を入れずに事実を確認します。謝らせることを前提にせず、そもそも謝る必要のない事案であることもあるので、気をつけて話を聞きましょう。

「(相手の子に)何か伝えたいことある?」

謝りたい気持ちは持っているけれども…という子どもには、教師がきっかけづくりを。

子どもの気持ちを引き出す言葉選びがカギ

　悪いことをしたら謝ることは、社会に出ても大切です。頭ではわかっていても、なかなか謝れない子どももいます。これまでそういう経験が少ない子なのかもしれません。

　そんな時には、教師が小さなきっかけをつくるとよいでしょう。個別の話し合いの中で、「これからどうしたい?」「(相手の子に)何か伝えたいことある?」と尋ねます。低学年の子なら、「ごめんねって伝えたい?」と道筋をつくることも考えられます。素直に認め、謝ることができたら「素直にごめんねができたね」とほめます。「先生が謝るように言った」とならないよう、子どもの気持ちを引き出し、一歩踏み出せるような言葉を選びましょう。

（学級全体に）
「みんなで謝り方を練習しよう！」

謝り方を「学習」する！　そんな時間をつくってみんなで練習すればこわくない！

謝られる側の練習もできて、一石二鳥

　謝り方を知らないのかもしれない（こういった子どもが増えているように思います）ので、道徳や学級活動の時間に、ピアサポートやソーシャルスキルトレーニング（SST）の技法を使って学級全体で練習をします。「遊ぶ約束をしていた友達が他の友達と遊んでいて悲しかった場面」など、具体的な場面を設定し、謝る→一言返すという練習をします。あくまでも練習なので、落ち着いて考え、穏やかな気持ちで対話をすることができます。「何かあったらこうやって謝ればいいんだな」と知ることができる上に、謝られる側の練習もできて一石二鳥です。「悪いことをしてしまったら素直に認め、いけなかったことを謝るのは大切なことだよ」などと、教師の気持ちも加えるとよいですね。

謝られても許せない子には？

相手の子にごめんねと謝られても許せないという子もいます。傷つけられた時、すぐに許す気持ちになれないのは、人間誰も同じです。そういう前提で対応を考えましょう。

相手の子も謝ったんだし、意地を張ってないで、すぐ許してあげたらいいのに

許さないといけない雰囲気は逆効果

見方のポイント

「ごめんね・いいよで全てが解決する」という見方をやめましょう。「ごめんね」と言われると、許さないといけないという雰囲気があります。許さないということは、その子が「それほど怒っている」「それほど悲しんでいる」「それほど許すことができない」というようにも捉えることができます。そのことを相手に伝えてもいいでしょう。「ごめんね・いいよ」だけでは、うわべだけの解決になっているのではないでしょうか。謝られたことを許す、許さないではなく、お互いが納得をするまで話をしていきましょう。

「『この行動について』
謝りたいと言っているよ」

どの行動に対して謝りたいと思っているのかはっきりさせよう。
そして許すことも大切なことだと伝えよう。

教師は公平な立場で言葉選びを

　謝られてもすぐに許せないのは、納得できていないという背景が考えられます。納得できていないのに簡単に許すことこそ、怖いことです。このような時は納得いくまでとことん話をします。教師は話の途中で感情や指導は入れず、公平な立場で「何が起きたのか」「今の気持ち」「これからどうしたいか」を双方から聞き取ります。その上で「Aさんはこの行動について『悪いことをしたから謝りたい』と思っている」とBさんに伝えます。教師は間に入り、あくまで「行動」に対して謝りたいということを付け加えるとよいでしょう。

　謝られた子が一定の理解を示したら、「許そうって気持ちを持つことができたんだね」と伝えて、寄りそいます。

「今の気持ちは
次のうちどれに近い?」

すぐに許せないこともある。
何と答えたらよいかがわからない子には選択肢を。

長い目で見る必要があることも

　今すぐには許せないけれども、「いいよ」以外の答え方を知らない
…ということも考えられます。それで結局「いいよ」と言ってしまっ
たら本末転倒です。心の中はもやもやなのですから。

　相手が謝った後に沈黙が続くようなら「今の気持ちは次のうちどれ
に近い?」と、選択肢を与えるのもよいでしょう。たとえば①わかっ
た、②理解はしたけれども、何と答えればよいかわからない、③すぐ
には許せないから少し時間がほしい、という選択肢を用意しておきま
す。

　内容によってはすぐに許せないこともあるでしょう。その気持ちを
相手に伝えることが大切です。教師は日々の様子を丁寧に見守り、時
間をあけてからまた様子を聞くなど、長い目で見る必要があります。

「最後に、何か伝えたいことはある?」

全部すっきりできない時もある。
気持ちを受け止め、この件に関しては一旦区切りとすることを
伝えよう。

納得できているかどうかがポイント

　高学年になると、今までもたびたび同じようなことがあり、仲直り
が難しいという気持ちになっているということも考えられます。「許
す」「許さない」の見方を変えて、「今回の件に関して相手が謝ってい
る」という事実に「納得できたかどうか」を問います。

　「〇〇さんが伝えたいことはわかった?」「何か伝えたいことはあ
る?」と尋ねます。何もないかもしれません。しかし、許せないにし
ても、相手が謝罪をしているので、この件に関しては区切りとするこ
と、同じことでぶり返さないことを伝えましょう。

　高学年になると「みんな仲良し」以上に「友達との心地よい距離感」
を学ぶようになります。それもまた大切なことです。

12 教室から出て行ってしまう子には？

教室から出て行くのは、その子が悪いのではありません。その子なりの表現方法で、よほどのことなのです。その子に無理のないように背景や原因、手立てを探りましょう。

その見方ちょっと待って！

他の子はみんな教室にいるんだし、出ていく子に問題があるんだろう

見方のポイント

安全第一で他の先生と連携をとる

　教室から出て行く理由を、子ども自身に押し付けるような見方を、まずはやめましょう。第一に考えないといけないことは、教室を出て行かれると、その子の安全を保障できないということです。この問題は先生1人で抱え込まずに、他の先生にも応援を頼みましょう。教室から出て行くというその子なりの表現方法は、うまくいかなかったことで生まれてきたイライラを解消する方法といったことも考えられます。その子に寄り添い、教室から出て行かなくなる方法を実践しましょう。

「何かあった?」

教室から出て行きたい子には、その子なりの思いがあります。「出るな」と伝える前に、まずは、その思いを知ろうとすることです。

まずは、出て行きたい気持ちを尋ねよう!

　理由なく教室を出て行こうとするわけではありません。納得できていないことや気持ちが落ち着かないなど、その子なりの理由があるはずです。まずは、それを知ることが大事です。

　「何かあった?」という言葉かけは、その子が出て行こうとする理由や原因を掴むために行います。しかし、それが話せる状態であれば、そもそも教室から出て行かないかもしれません。うまく話せないかもしれないという前提で聞きましょう。

　その時に、話ができたらその子の安全を確保できる形で、対応を決めます。思いを話せないようであれば、具体的にどうするかを聞いていく必要があります。その言葉かけが、次のページの言葉かけです。

「ここでゆっくりして、 落ち着いたら帰って来る?」

気持ちが落ち着かないということもあります。そんな時は、落ち着ける場所でゆっくり時間を過ごす促しも、時にはあり!

気持ちを切り換えるきっかけを!

　そもそも、自分の気持ちがどのような状態なのか、その子自体わかっていないのかもしれません。気持ちのコントロールができず、モヤモヤした結果、教室を飛び出て行きたくなったのかもしれません。そんな時には、一旦気持ちを落ち着ける時間を促してみるとよいです。

　教室のリラックススペースのような、先生の目が届く範囲が一番よいのですが、友達の視線が気になることも考えられます。状況に応じて、「隣の部屋で10分間」や「そこでもいられなくなったら相談する」など、約束をして別の部屋で過ごすこともできます。その場合には、勝手に移動してしまった時に声をかけてもらえるよう、動ける先生や隣の教室にいる先生に状況を伝えておくことも必要です。

「どこならいられる?」

教室にいられない、話もできない、困りました。時には頼ることも大事!　そんな気持ちでこの言葉かけを。

その子を一番に考えると?

　担任している子の困りに、最後まで付き合いたい。他の先生に迷惑をかけたくない。そんな思いを抱きがちです。しかし、ここで一番大事にしたいのは、目の前の困っているこの子です。困っている自分の思いを何とかできる場所を自分で考えさせてみましょう。

　保健室や空き教室など、教師1人では把握できない場所を言うかもしれません。1人でそこにい続けるとは限らないので、他の先生に連絡を取って一緒にいてもらう必要があります。他の先生を頼りましょう。

　また、その子が「見放された」と感じないようにする、「いつでも行ける」という思い違いをさせないようにするなど、注意しましょう。授業後、その場所に迎えに行くなど、細やかな配慮が重要です。

13 わがままを押し通そう とする子には？

わがままを押し通す子をマイナスに見てしまいがちですが、場面によっては、わがままではない時もあるはずです。多様な捉え方と長い目での指導を考えましょう。

あの子の言うことはわがままばかり。友達に迷惑をかけないように指導しないと

見方のポイント

将来を見据え、長期的な指導を

　わがままを押し通そうとする子はわがまま、自分の考えが通らないと不機嫌になる子はわがまま、という見方を持ってしまいがちです。気持ちはよくわかります。「わがままだ！」とその子を叱るだけでなく、場合によっては自分のわがままによって、周りに悪影響を与えているということや、人を不愉快にさせているといったことは教えてあげる必要があります。ただ、人は1人で生きていくことはできません。誰かの協力が必要です。この子が将来困らないように、長期的な視点を持って、接していくことが大事です。

「みんなはどう思ってると思う?」

自分の気持ちだけでなく、周りの友達の気持ちも考えられるような言葉かけを行おう!

周りの人のことを考えられる習慣をつくろう

　どうしても自分の気持ちを押し通そうとする子は、周りの友達がどんな考えを持っているか、どうしたいのかというところまで考え切れないことがあります。しかし、大人になっても、自分の考えだけを押し通して生きることは難しいです。

　そこで、「みんなはどう思っていると思う?」「周りの友達はどんなことを考えているかな?」などの質問を行います。周りの人が思っていることを想像する時間をつくり、少しずつ考える習慣がつけられるように指導することが大切です。ちょっとずつ周りの人のことを考えられるようになってきたら、「お互いが納得するにはどうしたらいいか」なども考えられるようになるとさらによいと思います。

「（事前に）どんなことをしたいか いくつか考えてみよう」

事前に選択肢を増やしておくことで柔軟な判断を促します。

自分の考えばかりにならないような手助けを！

　自分が言えば、いつでも思い通りになると思っているのかもしれません。ただ、今後生きていく中でいつでも思い通りとは限りません。そこで、自分の考えだけでなく、相手の考えでも気持ちよく「受け入れられる」ように、事前に選択肢を増やせるように声をかけておきます。

　たとえば、みんなでする遊びなどを決める場面になった時に、近くでそっと「他の考えでどれがよさそう？」と声をかけ、選択することを促してあげます。そうすることで、自分の考えばかりだけでなく友達の考えにも目を向けやすくなり、他にもいい考えがあるということに気づくきっかけの一助となるでしょう。

「他の人のいいところに よく気づけたね！」

他の友達の意見を聞いてよいところを見つけられた姿を価値付け、本人にプラスの言葉かけを行おう！

よいところのフィードバックを

　自分の意見がいつでも正しいと思っているのかもしれません。もちろんそれも大切ですが、自分だけでなく、周りの意見も柔軟に聞けるようになることも、これから生きていく中で大切な力の1つです。

　そこで、授業中で他の友達の意見の「よかったところ見つけ」を行う時間を取り、その中で、「他の人のいいところによく気づいたね！」と、その子のよい姿を本人にフィードバックする言葉かけを行います。

　そうすることで、さらに友達の意見のよいところを見つけようという意欲につながると共に、周りの友達の意見を受け入れる姿勢が整っていくと思います。

第 **4** 章

集団との関わりを育てよう！

・・・・・・・・・・・・・・・・・・・・・・・・・・・・

遊び場面で
うまくいく
3つの言葉かけ

一緒に
まぜてあげて

グループの対立やグループで仲間はずれをされる子には？

グループに関するトラブルは、その子自身が原因のこともあれば、そうでないこともあります。その子自身が原因だと決めつけずに、さまざまな場合について考えていくとうまくいくかも。

その見方
ちょっと待って！

原因は明らかになったし、もう全て解決したから、大丈夫だ！

仲間はずれはいけないよ

見方のポイント

様々な可能性を考え、慎重に動いて

グループでの対立、グループに入れないなどのトラブルは、単純な理由でそのような事態になっているわけではありません。その子の日頃の行いから、お互いの考えのすれ違いなど複雑になっていることがほとんどです。だから、叱って終わりとか先生が「みんな仲良くしろよ」「仲間はずれはいけない」などと注意をするだけでは解決しません。それで解決したという考えが危険です。複雑であるため、慎重に多様な見方で、長期的に見ていく必要があります。

「（よいタイミングで何度も）大丈夫？」

「大丈夫！」と返ってくると思います。気にかけていることを伝えるのが目的です。よいタイミングで理由を聞くための言葉かけです。

「気にかけている」を伝えよう

グループでのトラブルには、その子達なりの理由があるはずです。しかし、今、その理由について、深く聞かれたくないかもしれません。そんな時に、しつこく理由を聞いてしまうと、信頼関係を失ってしまい、トラブルが余計にこじれてしまうかもしれません。

その場合には静観するとよいです。しかし、放っておいてはいけません。「大丈夫？」などと、適度に言葉かけすることで、気にかけていることを伝えましょう。そして、よいタイミングで理由を聞くようにしましょう。多くの場合、子ども達から相談してくるはずです。

すぐに、介入しなければいけない場合もあります。その見極めを誤らないように、子ども達の様子を注意深く観察しましょう。

「そのやっていることは、
どうなのかな！？」

仲間はずれは、すぐに対応する必要があります。その子と一緒に仲間はずれにならない関わり方を考えていきましょう。

やっていることは、どうなのかな？

ダメなことは、ダメ！

　表立って仲間はずれを行うということは、その子の中で仲間はずれにする理由が正当化されているのかもしれません。まずは、どんな理由があったとしても許されないことを伝えます。自分がされる側の立場だったらどうかを考えさせると、指導を受け入れやすくなります。

　理由については、じっくりと話を聞く必要があります。関係する子の思いも聞いて、話し合いを持つとよいです。「先生は〇〇さん（仲間はずれにされた子）のことばっかり！」と思われないよう、行動（仲間はずれ）と理由を分けて対応するのがポイントです。

　最終的に、その子の思いに寄り添い、仲間はずれにならない関わり方とはどんな関わり方かを、一緒に考えていくようにしていきます。

「(グループの全員に)このグループのことで気になることはない?」

陰の仲間はずれは、指導し切らねばなりません。負の連鎖を断ち切るために、問題を解決する指導へと展開しましょう。

グループのことで
気になることは
ない?

「気づき」を促す話し合う場を!

グループ化に対する指導では、対応しながら長期的に見守ることがあります。グループの同質性や同調圧力は、いじめに発展する可能性があり、陰の仲間はずれはそのたぐいであることが多いです。その場合、いじめを個別に解決しても、同じことが繰り返されます。グループ内の同質性や同調圧力に対応する必要があります。

そのグループで、「気になる」ことについて話し合うと、グループの同質性や同調圧力が顕在化するはずです。その時に、自分たちのグループがよい状態かどうかに目を向けることで「気づき」を促します。同質性や同調圧力が「気になる」と、自分達で気づくことが重要であり、グループの支援となり、根本的な解決につながります。

自分から友達の輪に
入っていけない子には？

自分から声をかけることができないのは、おとなしい性格だからと、性格のせいにしてしまいがちです。自分から声をかけられなくても友達に関われる手立てを講じる必要も。

その見方
ちょっと待って！

性格の問題だから仕方ない。そのうちできるようになるから、何もしないでおこう

見方のポイント

時には大人のフォローも大事です！

　　その子の性格だから…という見方は、その子自身を理由にしており、無責任な見方だと言えます。たしかにその子の性格も関係していることでしょう。しかし、本当は自分で声をかけたい、でもできないという葛藤を持っている子もいるのです。どれだけ学級の雰囲気がよくてもこういった子がいるものです。自分で声をかけることができなくても、その子にとって損がないように、大人である先生がさりげなくサポートしていきましょう。

（周りの友達に）「〇〇さんにも 声をかけてあげたらどうかな?」

いきなりできるようになることではないので、まずは教師がきっかけづくりを。そのために教師とのつながりを強くすることから!

一緒に
まぜてあげて

慌てずスモールステップ! 長い目で見守りを

　恥ずかしくて (自信がなくて) 声がかけられないのかもしれません。いきなりできるようになることではないので長い目で見守りましょう。自分から声をかけることができるようになるまでは、「〇〇さんも誘ってあげて」と遊びの中心になっている子や仲間に入れてくれそうな子にさりげなく声をかけ、教師がきっかけをつくります。そのためには教師とのコミュニケーションを増やし、まずはその子の好きなことや苦手なことを教師が知ることから始めるとよいでしょう。

　そして自分から声をかけることができた時には「言えたね!」「勇気を出して声をかけることができたね!」と前向きな声かけをして、少しずつ自信を持たせてあげるとよいですね。

（学級全体に）「こういう時、どう言ったらいいかな？」

どう声をかけたらよいかわからない子には、具体的な場面を想定して練習する機会を。

練習したことは記憶に残る！

　どう声をかけたらよいのかがわからなくて困っているかもしれないので（そういった子どもも一定数います）、SSTやピアサポートを取り入れ、学級全体で練習をする機会を設けます。

　「遊びの仲間に入れてほしい時」「教科書を見せてほしい時」など、日常生活で起こりそうな場面を想定し、2人組で言葉かけの練習をします。全体の前で何ペアかに発表してもらったり、教師が見本を見せたりすることで、「こういう時はこう言えばいい」ということを学ぶきっかけになります。実際に練習したことは、記憶に深く残るでしょう。

　練習したことを活用していけるように、いくつかのパターンを掲示しておくのも、困っている子の手助けになるはずです。

「大丈夫だよ。〇〇できているね」

実は本人は困っていないかも…１人の時間を尊重しつつ、座席の配置を工夫して、ペアやグループ交流で困らないように。

必要以上に苦手意識を持たせないことから

　教師が思うほど、実はそんなに困っていないということも考えられます。休み時間は、１人で静かに自分の時間を満喫したい子もいることでしょう。しかし、授業中に友達と関わる場面は必ずあります。そんな時に困らないように、席を意図的に配置して、リードしてくれる子どもの隣にすることも１つの配慮です。

　ペアなどでの活動時には「大丈夫だよ。自分の考えが伝えられたね」と声をかけ、必要以上に苦手意識を持たないようにさせたいですね。隣になった子には「ありがとうね」を忘れずに（隣がいつも同じ子どもにならないように気をつけましょう）。隣にロールモデルがいてくれることは安心感や「次は自分から」という意欲につながります。

クラスでマイナスな言葉や
人の悪口を言う子には?

「おもしろくない」などとマイナスな言葉を聞くと、どうしてこの子はそんなことを言うのかとイライラしてしまうこともありますよね。そんな時こそ、冷静な問いかけでクールダウンです。

マイナスな言葉や悪口を聞くと、こっちもマイナスな気分になって嫌だなあ

おもしろくな〜い
やりたくな〜い

見方のポイント

ポジティブ目線の質問で解きほぐす

　　　無気力な子に対して、やる気が出るようにどうにかしよう!　というとても熱血な見方では、先生と子どもの間の溝が深まるだけです。「おもしろくない」「やりたくない」などとマイナスな言葉を聞くことで、周りの子達がマイナスな気持ちになるということを厳しく伝えてもいいでしょう。ただ、厳しく伝えたからといって、すぐにそういった言葉がなくなるわけではないことでしょう。プラスの方向性を目指して、問いかけから始めましょう。

（机の横でしゃがんで目線を合わせ）
「一緒にやってみる？」

突き放す姿勢ではなく、一緒に頑張ろうという寄り添いの姿勢を持って、子どもと関わる。

否定的な言葉を我慢して、お誘い言葉を

「勉強がわからない」という経験が多すぎて、わからないから何とかしたいという気持ちから、わからなくてもいいやという気持ちに変わってしまったのかもしれません。その結果「おもしろくない」「面倒くさい」という言葉が出るようになった可能性が考えられます。

そんな時は「一緒にやってみる？」とお誘い言葉で声をかけてあげましょう。否定的な言葉を言ってしまうくらい勉強へのイメージがマイナスになった過去の苦い経験を乗り越えていくには、一緒に頑張ろうという寄り添いの姿勢が欠かせません。みんなと同じことを求める必要はありません。ほんの少しでも「勉強したらわかった」という成功体験ができればそれで十分です。

（机の横でしゃがんで目線を合わせ）
「どれくらいならできそう？」

子ども自身が「決める」場を設定する。そしてやり遂げた時には その努力を認める声かけをする。

どれくらいするか、子どもに決めてもらう

　苦手な学習やできなさそうなイメージがある課題が出た時に、「やりたくない」と口にする子どもがいます。字を書くことが苦手な子どもはノートを書くことを嫌い、計算が苦手な子どもはドリルでたくさんの問題を解くことを拒みます。

　そこで、「どれくらいならできそう？」と子どもに尋ねます。「やりなさい」と言われるとそれだけで嫌になりますが、自分でする量を決められるとなると、少しは前向きな姿勢になります。子ども自身が決めた量が教師の期待を下回っていても構いません。自分で決めた量を宣言通りにやり遂げた場合は、「自分で決めたことを頑張ったね。有言実行だね」とその努力を認める声かけをします。

（机の横でしゃがんで目線を合わせ）
「どんなところが面倒くさい?」

面倒くさいという言葉は見捨てられたくないという思いの表れであるので、個別に丁寧に話を聞く。

プラス言葉に積極的に反応していく

　大勢の場でマイナス発言をする子どもには「見捨てられたくない」という思いがあります。クラス全体の場でやりとりをしてしまうと、他の子どもに迷惑をかけるので、全体の場では発言を流します。そして、個人指導などのタイミングで、「どんなところが面倒くさいの?」とやさしく声をかけます。教師にとっては耳の痛い話を聞くことになりますが、「そうかそうか」と寛容な気持ちで話を聞いてあげます。

　マイナス言葉を口にする子どもでも、ずっとマイナス言葉を言っているわけではないはずです。プラス言葉を言った時には、「その言葉を聞けて嬉しいなあ」とアイメッセージやプラス言葉に喜ぶ教師の表情を伝えていきましょう。

被害者意識が
強くなってしまう子には?

被害意識の強い子は、自分自身の考え方が悪いことに気づいてなくて、扱いづらい子と見てしまいがちです。こういった子には事実や他者視点で語っていきましょう。

その見方
ちょっと待って!

> どんな話をしてもわかってくれなくて、まいったな。この子も悪いのに…

見方のポイント **本音も伝えて丁寧に対応しよう**

　　この子は被害意識が強い、この子自身だって悪いのにというような見方はとても危険です。どのような話をしても、その子に響かないと焦ってモヤモヤする気持ちはわかります。しかし、それにあきらめることなく、何度も何度も話をしていく必要があります。事実や他者視点で語っていくだけでなく、教師の本音を伝えていくのも有効な手段なのかもしれません。

「あなたは〇〇だと 思っているんだね」

事実を突きつけたくなるけど、少し待って。その子がどう思っているのか確認して、そのまま本人に伝えてみましょう。

その子の解釈を言語化してみよう!

　起きた事実を、自分にとって都合よく解釈する傾向にあるのかもしれません。その場合、事実を丁寧に確認すると共に、その子がどう思っているかを言語化していくようにするとよいです。

　「あなたはそう思っているんだね」「事実はこうだね」と、その子の解釈と事実を比較していく中で、その子が真実を受け入れていけるように促します。

　その時に気をつけたいことは、「正しい判断や解釈ができてよかった」と思えるようにすることです。そのためには、正しいことを正しいと言えた素晴らしさをほめたり、自分の非を認めた後の不安感を解消させたりすることです。

「じゃあ、誰も悪くないってことだね?」

「それがダメなら、あなたもそうでしょ!」と言いたくなることがありますよね。そんな時には、この言葉かけを。

事実と丁寧に向き合ってみよう!

相手の気持ちを理解したり、想像したりすることの苦手意識があるかもしれません。その場合、自分のやったことはよいけれども、相手のやったことはダメという矛盾が生じることがあります。

そんな時には、「同じことを言っているから、誰も悪くないってことだね?」のように言い切ります。すると、相手の非を指摘しようとすれば、自分の非も認めなければならないという構図が生まれます。自分が思っているように、相手も思っているということに気づいた時に、改めて自分の置かれた状況について考え始めます。その時に、先生から状況を細かく説明するとよいです。その説明をしっかりと受け入れられた時が、その子の成長のチャンスになると思います。

「よくわかったよ。今からは先生が 思っていることを言うね」

その子を大切にしたくても、間違っていれば受け止めることは
できません。正しいことを正しく伝えることも時には必要です。

言うべきことは言う

　プライドが高かったり、過去に自分の思いを貫き通した経験があっ
たりして、自分の考えを曲げることができないのかもしれません。そ
んな時には、正確な事実を集めて、正しいことを伝えましょう。事実
を突きつけられて、その子にとって、非を認めるしかない状態になる
はずです。その時に大切なことは、教師が正しいことを正しいと認め
られた成長を喜ぶ姿勢です。また、正しいことを正しいと認められた
時の気持ちを、言語化させることも忘れてはいけません。「スッとし
て気持ちよかった」「友達の立場で考えてみてよかった」といったプ
ラスの気持ちが引き出せれば、今後のその子のあり方に変化が見られ
るかもしれません。

おわりに

　最後までお読みいただき、ありがとうございました。

　言葉かけは教師と子どもの関わりのはじまりです。教師が子どもにかける言葉は、その教師の指導観や教育観だけでなく、人としての生き方や考え方を大きく表わすものと考えています。

　言葉かけはきわめて重要なものであり、言葉かけの方法や語彙が増えることが望ましいにもかかわらず、学校現場では教師同士で言葉を共有する機会は多くありません。むしろ、言葉かけは教師自身の個別のスキルであり、経験から会得するものと考えられているでしょう。

　本書はそういった現状に対して、意義ある言葉かけを提供することに価値を置いたものです。日本各地の学校で実践する先生方が、事例に対して、さまざまな子どもの姿や学級の様子を思い浮かべながら考えられた言葉が記されています。読者のみなさんにとってこれらの言葉は、これまでの自身の子どもとの関わりを肯定するものや見直すもの、新たなる視座を与えるものとなるでしょう。

　今回は監修者という形で関わらせていただきました。その際に大切にしたことは、もちろん筆者の先生方のオリジナリティやパーソナリティを尊重しつつ、教師の判断を保留すること、オープンな言葉かけとすること、そして子どもの行動の結果に対してだけでなく、行動のきっかけにもなる言葉かけも含むよう見させていただきました。これらは子ども達を受容しつつ指導・支援をしていく上で、大切であると考えています。

　ここに記された言葉かけが「答え」ではありません。子どもや学級に対する言葉かけは、それらによって変わるものです。本書の言葉をきっかけに、子どもの見方が多様に広がり、子どもに合った「すてきな言葉かけ」を読者のみなさんが考えられることで、本書の価値はよりいっそう高まると思います。

松山　康成

編著者紹介

樋口　万太郎（ひぐち　まんたろう）

1983年大阪府生まれ。大阪府公立小学校、大阪教育大学付属池田小学校、京都教育大学付属桃山小学校を経て、現在、香里ヌヴェール学院小学校に教諭兼研究員として勤務。全国算数授業研究会幹事、学校図書教科書「小学校算数」編集委員。主な著書に『子どもの問いからはじまる授業！』『仲よくなれる！　授業がもりあがる！　密にならないクラスあそび120』（共著）、『クラスの子が前向きに育つ！　対話型叱り方』（共著）（以上、学陽書房）、『GIGA　Scool 構想で変える！』（明治図書）、『GIGA　School 時代の学級づくり』（東洋館出版）、『「あそび＋学び」で、楽しく深く学べる国語アクティビティ200』（フォーラム A 企画）など著書多数。
本書では１章全体と、２章以降の各項目の最初のページを執筆。

監修者紹介

松山　康成（まつやま　やすなり）

1987年大阪府生まれ。東京学芸大学教育学部教育心理学講座講師。広島大学大学院教育学研究科修了、博士（心理学）。公認心理師、日本学級経営学会理事、日本ポジティブ行動支援ネットワーク理事。大阪府公立小学校教諭、私立香里ヌヴェール学院小学校教諭を経て現職。著書に『学校・学級が変わる！　はじめてのポジティブ行動支援』、共著に『授業をアクティブにする！365日の工夫 小学５年』（以上、明治図書出版）、『いじめ予防スキルアップガイド』（金子書房）などがある。

著者紹介（50音順）

大谷　舞（おおたに　まい）

2019年京都教育大学卒業後、京都府小学校教諭を経て、現在は滋賀県小学校教諭。座右の銘はやらずに後悔よりやって後悔。絵本を用いた学級づくりを得意とし、読み聞かせ養成者講座にも参加。「絵本の会」の主催や、絵本を使った親子授業の外部講師を経験している。共著に『クラスの子が前向きに育つ！対話型叱り方』（学陽書房）がある。本書では２章以降を分担して執筆。

金子　真弓（かねこ　まゆみ）

群馬県生まれ。東京学芸大学教育学部を卒業後、群馬県の小学校勤務を経て、現在は静岡県の小学校教諭として勤務。二児の母。好きな言葉は「人は言葉を浴びて育つ」。Instagram のアカウント（@ nico.e.school）はフォロワー2.9万人を超える。著書に『映える！＆すぐ作れる♡　教室で役立つほめられアイテム』、共著に『クラスの子が前向きに育つ！　対話型叱り方』（共著、学陽書房）などがある。本書では 2 章以降を分担して執筆。

小谷　宗（こたに　たかし）

1994年和歌山県生まれ。岡山大学教育学部卒業後、和歌山県の小学校教諭として勤務。オンライン教育サークル「先生ハウス」所属。Instagram のアカウント（@k.t_senn）はフォロワー2.7万人を超え、初任の先生や未来の先生に向けて、教師生活の学びを発信している。共著に『教壇に立つ20代のあなたに伝えたいこと』（東洋館出版）、『クラスの子が前向きに育つ！対話型叱り方』（学陽書房）ほか多数。本書では 2 章以降を分担して執筆。

後藤　菜緒（ごとう　なお）

1991年東京都生まれ。大学卒業後東京都の小学校教諭になる。現在主任教諭として勤務。日本授業 UD 学会、オンライン教育サークル「先生ハウス」所属。道徳教育やユニバーサルデザインについて積極的に学んでいる。共著に『クラスの子が前向きに育つ！対話型叱り方』（学陽書房）がある。本書では 2 章以降を分担して執筆。

西村　祐太（にしむら　ゆうた）

中学校や高校、特別支援学校、京都市の公立小学校教諭の経験を経て、現在は京都教育大学附属桃山小学校教諭として勤務。全国算数授業研究会幹事。京都算数実践交流会「きょうラボ！」代表。共著に『GIGA スクール構想で変える！1人1台端末時代の学級づくり』（明治図書出版）がある。本書では 2 章以降を分担して執筆。

クラスみんなが成長する！
対応上手な先生の3つの言葉かけ

2023年10月25日　初版発行

編著者　**樋口万太郎**

監　修　**松山康成**

著　者　**大谷舞・金子真弓・小谷宗・後藤菜緒・西村祐太**

発行者　佐久間重嘉

発行所　**学 陽 書 房**

〒102-0072　東京都千代田区飯田橋1-9-3
営業部／電話　03-3261-1111　FAX　03-5211-3300
編集部／電話　03-3261-1112
http://www.gakuyo.co.jp/

カバーデザイン・目次・章扉デザイン／吉田香織　本文デザイン／能勢明日香
本文・カバーイラスト／おしろゆうこ
本文DTP制作・印刷／精文堂印刷　製本／東京美術紙工

好評の既刊！

映える！＆すぐ作れる♡
教室で役立つほめられアイテム

金子真弓　著　樋口万太郎　監修

A5判・120ページ　定価2,090円（10％税込）

「かわいい！」と子どもが喜ぶ！　保護者や同僚にもほめられる！そして子どもにしっかり生活ルールや学びのルールがわかってもらえる、学校生活に役立つアイテムがいっぱい！子どもの笑顔間違いなしのアイテムばかり！

好評の既刊！

Well-being なクラスになる♪　5分あそび

樋口万太郎・神前洋紀　編著

A5判・160ページ　定価1,980円（10％税込）

5分でできるあそびで、クラスの雰囲気がパッと変わる！
学級が楽しくなる！　新学期のアイスブレイクに使える仲よ
くなれるあそびから、空気を切り替えたいときや、授業導入
に使える教科のあそびが満載！　どの学年でも使える！

好評の既刊！

クラスの子が前向きに育つ！　対話型叱り方

樋口万太郎 編著
**金子真弓・小谷宗・後藤菜緒・
廣瀬裕介・村上舞** 著

A5判・116ページ　定価1,870円（10％税込）

短い対話でうまくいく！　どんな声かけから入るか、短い対話で子どもの納得を引き出す方法がこの本1冊でわかる！